AF347442

SAINT-BRICE-SOUS-FORÊT

PAR

M. LEFEUVE

Prix : 80 centimes.

SAINT-BRICE-SOUS-FORÊT

1866

SAINT-BRICE-SOUS-FORÊT

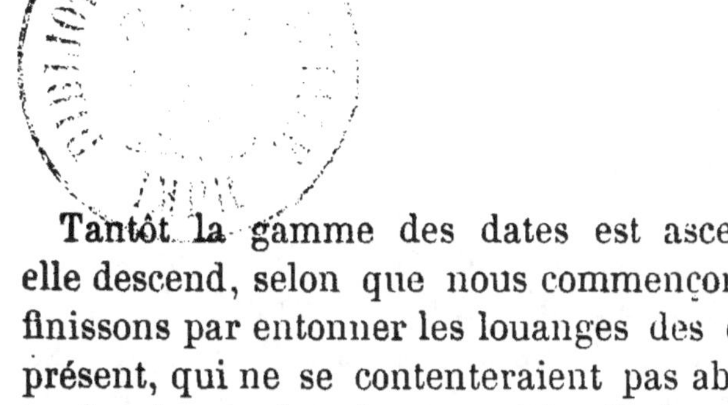

Tantôt la gamme des dates est ascendante, tantôt elle descend, selon que nous commençons ou que nous finissons par entonner les louanges des communes d'à-présent, qui ne se contenteraient pas absolument d'entendre chanter leurs ressouvenirs féodaux. Si l'admirable pourtour de Montmorency a dû relever de la grande Révolution, suprême seigneurie, du moins il avait eu l'honneur d'y contribuer, comme l'un des points de départ de ces conquêtes philosophiques de toute espèce qui, pour les uns, servent d'excuse à l'ère nouvelle et qui ont, pour les autres, glorieusement rendu praticable la régénération sociale.

Tout le monde est mieux d'accord en ce qui regarde le paysage. Saint-Brice, dont une grande route fait un gros bourg dans le canton d'Écouen, et qui ne doit pas aux nouveaux moyens de communication une physionomie moins villageoise, est aussi, par droit d'origine, par privilége de proximité, par les riantes allures de ses villas, le lieu de plaisance qui a le moins changé depuis un siècle, dans le pays dont nous déroulons le panorama historique. Il y a plaisir à revendiquer Saint-Brice, qui est resté sur la limite cantonale et qui faisait partie du doyenné de Montmorency. Il est vrai que Gonesse, Villiers-le-Bel, Écouen, Argenteuil, Conflans-Sainte-Honorine et d'autres villes ou villages partagent ce dernier honneur avec Saint-Brice ; mais leur air de famille ne vient plus de la même branche. Saint-Brice est sur le grand chemin de Beauvais à Paris, entre la commune de Piscop et celle de Groslay, près Sarcelles, près Pierrefitte, à une lieue de Montmorency et à mi-chemin de Beaumont à Paris, ce qui en fait, de temps immémorial, pour les auberges un favorable milieu d'étape. Le territoire comporte des prairies, des champs de blé, des vignes et des bouquets de bois fort délicieux.

Les parisiens ne manquent pas à Saint-Brice. Ne voyait-on pas à leur tête, il y a une douzaine d'années, MM. Beau, trinité fraternelle avec ses trois châteaux, Salel de Chastanet, Sabran, Juge, Guy père, Daval, Monnot, Charvet, Oudard, le Dr Bazin et Mme Dreux?

Il ne reste que les écuries de l'ancien château, dans la propriété Jayme, et la ferme, qui est la maison de Mme Thorel. Mais ce château avait déjà, avant de disparaître, son histoire moderne, et elle était aussi connue que son histoire ancienne l'était peu. Heureux les peuples qui n'ont pas d'histoire ! dit un grand écrivain ; mais il n'en est pas de même pour un château, qui perd beaucoup de charmes quand on est obligé d'en essuyer les plâtres, puisqu'il plaît tant à un propriétaire d'y rattacher un de ces noms dont la réputation s'identifie avec l'immeuble. Le ci-devant château de Saint-Brice avait encore, ou déjà, sous le Consulat, pour occupant M. de Trepsac, le même qui, le 3 nivôse, a eu la cuisse broyée par l'explosion d'une machine infernale braquée sur la voiture du premier consul dans la rue Saint-Nicaise. Puis la propriété est échue au maréchal prince de Macdonald, avant de servir de résidence au prince de Talleyrand, l'Ahasvérus de la contrée. La famille Caillard a ensuite habité là, et, bien qu'elle n'y fût que locataire, elle a fait la dépense d'y amener les eaux dont jouissent, par diverses prises, plusieurs propriétés qu'elles arrosent et embellissent. Eugène Sue lui-même s'est retiré chez sa sœur, Mme Marc Caillard, pour y écrire un de ses meilleurs romans.

Deux comédiens, l'un Crétu, l'autre Amiel, avaient deux maisons de campagne dans le village, du temps de M. de Trepsac. Le premier est le fondateur du théâtre des Variétés. Le second donna un orgue à l'église de Saint-Brice, qui n'en avait pas encore eu, et Dabos, peintre de la reine Hortense, décora de peintures son salon et sa salle à manger, à l'occasion d'une restauration générale. Gavaudan et sa femme, de l'Opéra-Comique, furent aussi *bourgeois* à Saint-Brice, mais après avoir passé plusieurs étés à Montmorency.

L'abbé Maury, curé en 1789, fut en même temps député et membre du bureau intermédiaire de Saint-Germain-en-Laye, réglant ce qui était dû aux ecclésiastiques du district. Le futur cardinal de ce nom, ensuite archevêque de Paris, jouait déjà un plus grand personnage. Mais l'un était-il frère de l'autre? Oh! comme un seul abbé Maury suffisait bien !

Les deux sœurs appelées Colombe faisaient la paire, quelques années auparavant, pour la joie et la ruine de plus de deux galants. Mais il y en avait une presque célèbre, et c'est la nôtre, celle qui eut à Saint-Brice un pimpant hôtel de campagne. Il appartient à M. Guy, maire actuel de la commune, lequel a bien voulu ouvrir toute grande, en nous voyant, cette bonbonnière qui ne manque pas de friandises pour les yeux et pour la mémoire. La façade est, tout comme au xviiie siècle, du côté du jardin : les roses qui la couronnent, d'une corbeille à une autre, sont dépourvues de couleur, mais ne se fanent pas. Sous les arbres, une jolie terre cuite représente le petit dieu malin et une femme, pour laquelle a dû poser la prêtresse même de ce temple d'amour. Un médaillon de Boucher donne son portrait, dans un dessus de cheminée ; un autre médaillon du même genre est attribué à Fragonard. Colombe Riggieri a joué les amoureuses, même au théâtre. Je ne crois pas qu'elle ait paru ailleurs qu'à la Comédie-Italienne, où elle a débuté dans son emploi par le rôle d'Hortense dans le *Huron*, le 6 septembre 1772. L'année suivante, elle a rempli dans *Tom Jones* le rôle de Sophie ; dans *Zémire et Azor*, le rôle de Zémire. Colombe se retirait du théâtre, avec la pension, en 1788 ; dès lors, elle y comptait vingt ans de service pour le moins, malgré l'interruption que la chronique scandaleuse, à la date du 23 janvier 1767, avait constatée en ces termes : « La passion de Milord Mazarin pour la demoiselle Colombe des Italiens, qu'il avait enlevée à ses parents, devait durer éternellement. Mais elle est déjà passée. La semaine dernière ils se sont battus comme des démons, et la dame est revenue chez ses père et mère le bâton blanc à la main, c'est-à-dire sans avoir rien. Cet anglais est un petit vilain, et l'on ne comprend pas comment cette demoiselle s'était laissée coiffer d'un pareil crapoussin, de préférence à plusieurs de nos jeunes seigneurs qui s'offraient de bonne grâce à se ruiner pour elle, entr'autres le Marquis de Lignerac, qui avait proposé 1,200 francs de rente pour commencer. On ne tardera sans doute pas à la voir reparaître aux Italiens, à moins qu'un peu de honte ne la retienne, ainsi que ses parents. »

Vers la fin du règne de Louis XV, le Cte de Vienne, maréchal-de-camp, seigneur de Saint-Brice, par suite de la substitution que son aïeul maternel, François de Braque, avait ouverte à son profit, et par suite d'une transaction en forme de partage faite le 20 avril 1741 entre Paul-Emile de Braque et lui, était maître des fiefs suivants : les Censives-de-Saint-Brice, le Travers-de-Saint-Brice, Ozonville, dit primitivement Saint-Brice, Nesant ou la Muette, la Couture, Picot, Domont et le Champ-de-Domont. Toutefois ce propriétaire n'est pas qualifié seigneur dans le bilan de la paroisse, dressé en l'année 1761, où le curé Chapperon et les marguilliers se contentent de le porter débiteur de 6 livres, 5 sols de rente. Les revenus de la cure, avec cet appoint, s'élèveraient à 1,219 livres 11 sols, si le fermage des terres était bien payé ; mais on trouve ces terres trop chères pour faire honneur aux engagements qui les mettent jusqu'à 60 livres l'arpent. Heureusement les dépenses annuelles de la fabrique ne montent qu'à 1029 livres, 16 sols, dont 380 attribuées au curé, 290 au vicaire, 15 au prédicateur de l'Avent et du carême, 100 au maître-d'école et 34 au bedeau.

Que remarquer encore à Saint-Brice, pendant que les honneurs y sont rendus tant bien que mal au Cte de Vienne, lequel ne paie pour Nesant et la Couture des droits de relief, montant à 600 livres, que le 30 octobre 1767, entre les mains de dom de la Forcade, procureur et censivier de l'abbaye de Saint-Denis ? Un grand propriétaire en ce village est Dutrou, seigneur dans un autre. Plusieurs pièces de terre appartiennent au collège du Cardinal-Lemoine. Les visitandines de Saint-Denis ont acquis de Louis le Laboureur 22 arpens, provenant de Morée et de Hugo : féodalité transportée à Châteaumont l'année 1676

La terre des Alluets est située derrière le parc dit alors de Saint-Brice. Le mousquetaire Pépin, sieur de la Montagne, a transporté un fief de 6 arpens, près l'étang de Chauffour et le Clos-Béranger, à Midi, miroitier; ce dernier vend à la M^{ise} de Foucault. Pour aller au Champ-de-Domont, prenez la direction de Sarcelles. Les Carnaux, fief dont nous avons parlé dans la notice de Montmagny, n'en ont pas moins leur chef-lieu à Saint Brice, et c'est dans la même rue, plus tard de la Fontaine, mais en ce temps-là Montdevisme, que donne l'hôtel d'Ozonville, dont la porte est flanquée de deux tours carrées, auxquelles font vis-à-vis les communs du même hôtel, qui a relevé d'abord de la seigneurie de Puiseux, puis directement du duché d'Enghien. Tout au bout de la grande rue de Saint-Brice, 13 ou 14 arpens de bois dépendent de Bruyères-le-Chastel de Groslay ; ils tiennent vers le couchant au bois du Cte de Vienne, vers le levant au bois de M. Quinet, par derrière à celui de Mme de Chérisy, qui donne sur la route de Domont. Le fief de la Couture forme un angle sur la grande rue et la ruelle du Trou-Lamirault. Celui de Nesant ou de la Muette s'asseoit sur le chemin de Montmorency, et il s'y rattache un hameau, où le moulin à vent de Nesant se transformera plus tard en une tour, habitation de M. Juge, puis du Dr Coqueret.

Entre le Cte Vienne et le Mis François de Braque, seigneur de Saint-Brice en partie, de Piscop, et de Chateauvert, surintendant de la maison de la D^{sse} d'Orléans, il y a eu Christophe de Braque, Cte de Loches, seigneur de Saint-Brice, Ozonville, Nesant, la Couture et autres lieux. Le vendeur de François était J.-B. Picot, pour les fiefs, le 24 décembre 1670. Le prince de Condé avait groupé, onze ans plus tard, de nouvelles acquisitions faites par

Jean Mathas, son bailli, pour le compte de M. de Braque, avec les fiefs de la Motte, des Carnetins, de Hugo en partie et de Morée pareillement, appartenant déjà au même propriétaire. Tels étaient les éléments de la seigneurie censière de Saint-Brice, établie par le prince en même temps que leur cohésion, mais sans justice et sans droits honorifiques dans l'église, autres que ceux proprement dits *les honneurs,* et avec obligation de prendre tarif du bailli pour les droits de travers. Par l'intermédiaire dudit bailli avait été acheté principalement l'hôtel de M. de la Briffe, président au grand-conseil, et de sa femme, née Potier de Novion : propriété ouvrant sur la grande rue et longeant la ruelle du Four-de-l'Aumône. A cet hôtel déjà seigneurial se rattachaient les droits de travers de Saint-Brice et de Sarcelles, le fief des Fontaines, d'autres priviléges et d'autres terres. Le reste des biens englobés dans la nouvelle seigneurie étaient une cour et un jardin, provenant de la succession de Leroux, secrétaire du grand-conseil, et certain fief Godin, de 2 arpens.

Le président, n'étant encore que conseiller-secrétaire du roi, avait rendu foi et hommage devant la porte de la tour du château de Montmorency, le 2 novembre 1680, à raison du fief des Censives-de-Saint-Brice-Poncelles-Moiselles-et-Chauvry, et du fief des Travers-de-Saint-Brice-et-Sarcelles, avec les censives qui en dépendaient. Tout lui venait de son père, trésorier de France à Montpellier, acquéreur de Louis Phélypeaux de la Vrillière et de Marie Particelli, son épouse. Celle-ci était fille de Michel Particelli, qui succédait lui-même au contrôleur-général Particelli d'Hémery, tant à Saint-Brice qu'à Groslay-Deuil-et autres lieux. Tous ces propriétaires avaient leur auteur dans Pierre Puget, sieur de Montauron, conseiller d'État, et c'est le même que nous avons

déjà vu à la Chevrette. Henri de Bourbon, prince de
Condé, et Charlotte-Marguerite de Montmorency, son
épouse, avaient aliéné en sa faveur, le 26 mars 1641,
entre autres biens, *des cens et champarts accensés, mou-*
tonnages, bleds, avoine, vins, chapons et poules de Saint-
Brice et Sarcelles, travers, rouage, champarts de graine et
pré; plus à Chauvry; sous réserve de tous droits seigneu-
riaux. Depuis lors il y avait eu un adjudicataire à ferme
des droits de travers et péage; Philippe Lescuyer, mar-
chand-hôtellier à Saint-Brice, en était le fermier sur la fin
du xviie siècle. La terre de Saint-Brice avait passé des
Montmorencys aux Condés. M. de Rupières avait obtenu
du duc de Montmorency, en l'an 1629, l'autorisation de
capter les ruisseaux coulant par les chemins, pour en
faire passer l'eau dans sa propriété, à la condition d'éta-
blir, d'entretenir une fontaine publique, et de tenir en foi
et hommage ce privilége, à titre de fief des Fontaines,
sous la redevance d'une paire de gants à chaque muta-
tion. M. de la Briffe, en 1639, s'était mis en lieu et place
de M. de Rupières, dans la maison de campagne et dans
le fief, par voie d'acquisition.

Les Braque, en prenant possession de la seigneurie de
Saint-Brice, restreinte dans ses prérogatives, mais assise
sur des terres déjà bien suffisantes, avaient trouvé une
vieille chapelle Saint-Nicolas dans la grande rue,
c'est-à-dire sur la route de Paris à Beauvais, au coin du
chemin de Groslay à Sarcelles. Elle avait pu, dans le
quartier méridional du village, servir de succursale à l'é-
glise qui lui faisait pendant à l'autre bout de la même rue.
Saint Brice, évêque de Tours, était resté le patron de l'é-
glise, qu'on avait restaurée et agrandie considérablement
au xvie siècle, au risque de greffer la renaissance sur le
gothique, et dont la cure était à la nomination de

l'abbé de Saint-Victor, à la collation de l'archevêque. La chapelle avait dû dépendre d'une maladrerie au
moyen-âge, et le prince de Condé, si ce n'est M. de Braque, la fit remplacer par une croix.

Il y avait alors une maison qu'occupait M. de Morain-
villiers, au fief de la Couture.

Un autre fief et une autre maison avaient eu l'honneur
d'appartenir à Bossuet, l'aigle de Meaux, qui les avait
donnés à Mlle de Mauléon, et cette gracieuseté faisait dire
de l'éloquent évêque, à propos de son gallicanisme, qu'il
n'était pas tout à fait janséniste, et moliniste encore
moins, mais qu'il était par trop *mauléoniste !* L'avocat
Mauléon venait d'abord à Saint-Brice, pour y rendre vi-
site à sa sœur ; plus tard, il y reçut lui-même Jean-Jac-
ques Rousseau, qui demeurait à Montmorency, et la propriété s'appelait alors le fief de Mauléon : le bâtiment
d'habitation était assez considérable et sur une rue de
derrière, bien que le clos eût au moins une communication avec la grande rue. On dit que M. de Saintré posté-
rieurement y a fait un dépôt de contrebande. Toujours
est-il que la superbe villa de M. Alexis Beau comprend
un territoire qui a encore gardé son ancien nom de
Giraudon, et un autre, dit Mauléon, sur lequel se trou-
vent les basses-cours, du côté de la rue de Gournay. Le
parc de la propriété a englobé, de notre temps, une voie
de communication qui a été reportée plus loin.

Saint-Brice n'avait pas eu de seigneur particulier de
1525 à 1641 ; aussi le titre en avait-il été porté pendant
ce temps-là par le seigneur de Montmorency. Le duc,
dix ans avant l'aliénation, avait fait un commencement
de procès à dame Anne de Maupas, veuve de Picot, B^{on} de
Couvé, au sujet de la qualité de dame en partie de Saint-
Brice, qu'elle prenait à cause des fiefs de ses enfants mi-

neurs, qui étaient aussi ses pupilles. Comment les Montmorencys avaient-ils recouvré, au xvi⁰ siècle, les droits de travers, de justice et de censive, à Saint-Brice et à Sarcelles? par la vente qu'en avait faite Pierre Boucher, seigneur de Piscop, à Guillaume, seigneur et B⁰ⁿ de Montmorency, chambellan ordinaire du roi. Le fief en était grevé, à cette époque, de 48 livres parisis de rente envers les chanoines de l'église de Paris, dont 20 par suite de transaction relative au droit de justice. Les devanciers du vendeur avaient été : Etienne Boucher, avocat (1485); Arnoul Boucher, père d'Etienne, qui avait passé reconnaissance à Jean de Montmorency pour Piscop, Chauffour, le Travers-de-Saint-Brice et un autre fief à Soisy (1461); Jeanne la Gentienne, veuve d'un autre Arnoul Boucher (1410); ledit Arnoul, seigneur de Piscop, à qui Jacques de Montmorency, le 4 décembre 1404, avait octroyé le droit *de prendre sur les personnes passantes par le travers de Sarcelles 60 sols, 1 denier parisis, à condition de lui en rendre 20 sols de rente;* Marguerite de Blainville de Belle-Assise, qui avait rendu foi et hommage pour le Travers-de-Saint-Brice-et-de-Sarcelles, dès l'année 1373.

Jacques de Montmorency, en 1391, avait été maintenu, pour son propre compte, dans le droit de prélever sur la marée qui passait dans le village le poisson qui était à sa convenance, en le payant toutefois selon sa valeur.

Le conseiller au parlement François Picot n'y allait déjà pas de main-morte, sous le règne de Henri II : sa couronne féodale était à six fleurons. A lui Gascourt et le Marchais, sur la paroisse de Groslay; à lui, sans sortir de Saint-Brice, Nesant et la Couture, Ozonville et Picot! Rien que ce dernier fief se composait d'un hôtel seigneurial, avec son jardin, ses terres et ses bois : la suzeraineté en avait été contestée, mais sans succès, à Anne de

Montmorency. Jean le Picart, prédécesseur des Picot dans les trois autres fiefs, s'était reconnu pour deux dans la mouvance du président Olivier, seigneur de Puiseux ; il avait succédé à son père, pronotaire du roi. Ajoutons pour Nesant et la Couture : Hue de Dicy, conseiller du roi, en 1416 ; son oncle, Denis de Pacy, même qualité, en 1400 ; Jacques de Pacy et Guillemin Bertin, simultanément, une quarantaine d'années plus tôt. Pour Ozonville : Pierre des Essarts, voyer et bourgeois de Paris, en 1328, et le chevalier Regnauld de Nantouillet auparavant.

Le président Cristophe de Sève disposait, sous la régence de Marie de Médicis, du Clos-Béranger, qui relevait de la seigneurie de Richebourg, et aussi de 6 arpens de pré au fief Hugo, relevant du duché ; dans le premier, il précédait Philippe le Lièvre, gentilhomme ordinaire de la maison du roi ; dans le second, il suivait Louis de Saint-Yvon, maître des requêtes de la reine. La famille de Braque eut les fiefs Hugo, Chauffour et de la Motte, depuis le règne de Charles VI jusqu'à celui de Charles IX, sans compter le fief du Luat, sur la paroisse de Piscop. Le Hugo de Saint-Brice avait suzeraineté sur celui de Sannois du même nom. Burchard avait tenu à Hugo, l'an 1177, une assemblée, et alors le seigneur du lieu avait nom Henri. Famille d'épée et de robe que celle de Braque ! La période indiquée ci-dessus nous en montre un membre siégeant au parlement de Paris, bien que Nicolas de Braqué, trente ans avant, fût resté sur le champ de bataille d'Azincourt. La Motte eut pour seigneur, après les Braque, Rolland de Neufbourg, seigneur aussi de Sarcelles. L'écuyer Jean de la Motte, parrain du fief, avait été contemporain de Charles V, et il avait eu son manoir féodal dans le voisinage du moulin Hugo, avec 10 arpens de dépendances.

Les phases qu'ont traversées ces étoiles fixes de la féodalité sont autant que possible indiquées ; notre point de repère n'en est pas moins le clocher de Saint-Brice. Après avoir dépendu de Groslay et servi d'annexe pour Piscop, l'église fut érigée en cure vers 1100, et donnée aux chanoines réguliers de Saint-Victor par Etienne de Senlis, évêque de Paris, comme ex-voto de Radulfe le Bel : ce seigneur laïque avait possédé aussi bien l'église de Villiers-le-Bel. La moitié de la dîme de fèves de Saint-Brice fut offerte au prieuré de Saint-Martin-des-Champs par Matthieu Ier de Montmorency, qui n'avait pas cru devoir davantage, n'étant que laïque, conserver soi-même du bien relevant de l'abbaye de Saint-Denis. C'est ainsi que par des dons soit à une maison religieuse, soit à un hospice, soit au roi, soit enfin aux tenanciers de fief, les sires de Montmorency s'affranchissaient souvent d'un hommage dû à l'abbaye royale. Par malheur, une redevance d'argent grevait la cession de l'église faite au nom de Radulfe le Bel ; de sorte que les religieux de Saint-Victor hésitèrent quelque temps à accepter ce legs. L'évêque Thibaud dut s'en préoccuper, en 1148, et des transactions intervinrent, en vertu desquelles sire Hubert, seigneur de Saint-Brice, eut un quart de la dîme ; l'abbé Suger y consentit. Achard, abbé de Saint-Victor, finit par se munir d'une bulle du pape Adrien IV, confirmant à son monastère ses droits sur l'église de Saint-Brice.

Dès le XIIIe siècle, il y eut aussi en ce village une Maison-Dieu, hospice qu'on prétendait de fondation royale ; Bouchard, l'an 1237, la gratifiait de 10 livres de rente, et elle en avait 100 d'ailleurs. En 1351, un mandataire épiscopal visitait l'hospice, Pierre de Saint-Lô étant curé du lieu.

FIN DE LA NOTICE SUR SAINT-BRICE-SOUS-FORÊT

Fontainebleau. — Imp. E. Bourges.

Les Notices historiques et descriptives écrites sur les environs de Paris par M. Lefeuve, auteur des *Anciennes Maisons de Paris sous Napoléon III,* se publient en brochures du même format et sur le même papier que la présente brochure. Le prix en varie selon l'importance du travail.

Les éditeurs de ce Recueil de Notices se proposent de l'étendre à tous les environs de Paris, dans un rayon de 75 kilomètres.

Voici les communes déjà passées en revue par M. Lefeuve :

MONTMORENCY	NAPOLÉON-SAINT-LEU
DEUIL	SAINT-PRIX
ÉPINAY-SUR-SEINE	MONTLIGNON
MONTMAGNY	ANDILLY
GROSLAY	SOISY
SAINT-BRICE	EAUBONNE
PISCOP	MARGENCY
DOMONT	FLESSIS-BOUCHARD
BOUFFÉMONT	PIERRELAYE
CHAUVRY	HERBLAY
BÉTHEMONT	FRANCONVILLE-LA-GARENNE.
FRÉPILLON	SANNOIS
BESSANCOURT	ERMONT
TAVERNY	SAINT-GRATIEN

ENGHIEN-LES-BAINS

Les souscripteurs reçoivent, franches de port dans tout l'Empire français, les Notices de M. Lefeuve sur les Environs de Paris.

On souscrit, en adressant le prix de la totalité
de ces Notices

En un mandat de **20** francs

A M. ERNEST BOURGES, IMPRIMEUR A FONTAINEBLEAU

(SEINE - ET - MARNE)

DAL DIARIO DI ERIK
(IO E LORELAI)

EPISODIO 3

CERCA DI QUI
CERCA DI LA'

Massimo Indrio